MON CAHIER DE MÉDITATION



VALÉRIE MARCHAND

# JE FAIS LA PAIX AVEC MES INSOMNIES

*Illustrations de Léna Piroux*

MARABOUT

# UN PROGRAMME EN 6 ÉTAPES



## CHAQUE JOUR, VOUS AVEZ RENDEZ-VOUS AVEC...

**Du savoir :**

*Pour découvrir le sommeil et balayer les préjugés.*

**Du savoir-être :**

*Pour développer l'attention à soi, l'accueil du stress et des émotions, l'écoute des messages internes, grâce à la méditation de pleine conscience.*

**Du savoir-faire :**

*Pour mettre des mots sur nos ressentis et permettre à notre cerveau de les traiter autrement : les faire remonter vers les parties cognitives afin d'apaiser, prendre en compte, comprendre, exprimer, décider et améliorer nos relations à nous-mêmes et aux autres..*

**Des enregistrements audio :**

*Pour méditer et écouter des histoires qui vous accompagnent. Au cours des méditations de pleine conscience, j'emploie volontairement le « nous », car une personne qui guide s'inclut et pratique en même temps.*

## COMMENT ALLEZ-VOUS PRATIQUER ?

**De façon formelle :** pour chaque étape, vous disposez d'une méditation quotidienne accessible en scannant le *QR code* sur votre smartphone. Vous pouvez méditer le soir au coucher. Mais si vous choisissez un autre moment, ce n'est pas gênant sur le long terme.

**De façon informelle :** vous allez découvrir des astuces qui vous permettront de couper le pilote automatique et d'apporter des « petites touches de présence » dans votre quotidien.

## LES 9 RÈGLES D'OR

**La régularité :** préférez quelques minutes chaque jour plutôt que 1 heure par semaine. S'entraîner quotidiennement agit sur la plasticité neuronale et ancre vos nouveaux apprentissages afin qu'ils deviennent naturels. Choisissez un moment tous les jours, comme un rendez-vous avec vous-même. Si toutefois vous ne pratiquez pas pendant quelques jours, reprenez sans culpabilité ni pression.

**La curiosité :** lâchez tout ce que vous croyez savoir et découvrez ce que cette expérience vous apprend de vous-même.

**Le regard non jugeant :** apprenez à observer, à accueillir ce qui se présente en vous sans le juger. Et si vous le jugez, observez que ce n'est qu'un jugement, pas forcément la vérité.

**La bienveillance :** prenez soin de vous. Quand vous explorerez des sensations en lien avec des situations désagréables, n'en choisissez pas de trop douloureuses. Lorsque l'on apprend à faire du vélo, on commence sur un terrain plat, avec les petites roues ! L'apprentissage n'en est pas moins réel.

**La liberté :** si quelque chose vous dérange profondément, il n'y a aucune obligation à le réaliser.

**L'authenticité :** il n'y a ni bonne ni mauvaise façon de répondre ou de vivre les méditations, il n'y a que vous et votre expérience à ce moment.

**Le jeu :** explorez sans vous prendre la tête ou être trop sérieux : dédramatisez ! Ce que vous découvrez n'est ni grave ni figé : c'est humain et en mouvement.

**L'écriture :** notez vos ressentis, vos découvertes. Mettre des mots permet d'apaiser, de prendre conscience, d'extérioriser et de garder une trace de votre voyage.

**Les précautions :** faites-vous accompagner si vous vivez des attaques de panique, une phobie puissante, un choc post-traumatique, une dépression ou un burn-out en phase aiguë ou toute autre pathologie psychiatrique importante. Si vous prenez un traitement pour dormir, ne l'arrêtez jamais brusquement sans avis médical.
Consultez et demandez conseil à votre médecin.

## LES 4 « P »

Au fur et à mesure, vous développerez les « 4 P pour faire la paix ».

### Pause

S'arrêter et couper le pilotage automatique.

### Présence

Sentir, observer, percevoir l'expérience du moment selon 3 dimensions (sensations corporelles, émotions, pensées), sans jugement. Faire une place et accueillir avec bienveillance nos ressentis.

### Parole

Mettre des mots dans notre tête, en écrivant ou en parlant, pour prendre conscience de nos ressentis, s'apaiser et prendre du recul.

### Prise en compte

Se sentir libre de choisir, en conscience : rester dans la situation car elle nous convient ou parce que nous ne pouvons pas faire différemment pour l'instant, ou décider de changer quelque chose en tenant compte des informations perçues.

# PRÉPARATION

*Je prépare mon voyage,
je pose ce que j'ai sur le cœur.*

*« Un chemin de mille lieues commence
toujours par un premier pas. » - Lao Tseu*

**Bienvenue dans cette aventure !**

Nous allons commencer par poser ce que nous avons sur le cœur. Même si, pour méditer, on conseille d'être curieux, de ne pas avoir d'attentes, le fait d'en avoir est humain. La démarche de noter vos difficultés et vos attentes va vous permettre de les poser là, pour entrer dans l'aventure avec plus de légèreté.
Pas d'attentes particulières ? Alors abordez l'aventure avec curiosité. Ce n'est ni mieux ni moins bien, c'est différent.

## 1 *Quelles sont mes difficultés ?*

..............................................................................

..............................................................................

..............................................................................

..............................................................................

..............................................................................

..............................................................................

..............................................................................

..............................................................................

## 2 *Quelles sont mes attentes ?*

..............................................................................

..............................................................................

J'observe que, pour l'instant, j'ai des attentes.

..............................................................................

..............................................................................

..............................................................................

..............................................................................

..............................................................................

..............................................................................

Je les regarde comme des motivations pour méditer régulièrement. Et je passe à la suite, le cœur léger !

## MON COIN MÉDITATION

Choisissez un **endroit confortable où vous ne serez pas dérangé**. Installez-y une chaise ou des coussins, un appareil audio, votre cahier de méditation et des feutres.
Ou allongez-vous dans votre lit.

## MES RAPPELS AU MOMENT PRÉSENT

Pour vous aider à couper le pilote automatique, **créez vos « rappels au présent »** pour la journée.

☞ Mettez des **Post-it** un peu partout avec des mots doux qui vous sont destinés.

☞ Choisissez un **objet symbolique** et posez-le en évidence. Personnellement, je collectionne les galets, cailloux, minéraux et les sème un peu partout : bureau, table de nuit, poche...

☞ Programmez une douce sonnerie et **prenez un moment pour vous**.

☞ Mes idées : ........................................

## MA PRATIQUE INFORMELLE

**Au cours de chaque journée, faites au moins une pratique informelle parmi celles proposées ci-dessous.** Pour cette activité, mobilisez si possible les 5 sens : la vue, le toucher, l'ouïe, l'odorat et le goût. Portez attention aux pensées et aux émotions en expérimentant.

PISTE 1 : « GUIDAGE DE LA PRATIQUE INFORMELLE »

☞ Je bois une boisson avec attention.

☞ Je mange un aliment avec attention.

☞ Je prends ma douche ou mon bain en me reliant à mes sens.

☞ Je marche en sentant mes pieds, mon corps, les odeurs autour de moi.

☞ Je sens ma respiration 1 fois, sans la changer, avant de décrocher le téléphone.

☞ Je règle une alarme aléatoire sur mon téléphone et je sens 3 respirations lorsqu'elle sonne.

☞ Avant de me lever, je sens le contact du matelas, de la couette, de l'oreiller sur mon corps.

☞ Mes idées : ........................................

# JOURS 1-7

*Je balaie les idées reçues sur le sommeil et j'expérimente la méditation de pleine conscience.*

Cette semaine, nous allons apprendre à découvrir ce qu'est le sommeil et à repérer comment fonctionne le nôtre. Parallèlement, nous mettrons en place la pratique de la méditation pour nous habituer à faire une pause dans l'agitation quotidienne. Méditer ne garantit pas un effet somnifère systématique, en revanche, une pratique régulière influence la qualité de notre sommeil et la prise en compte des messages de notre corps concernant nos besoins physiologiques.

# JOUR 1 JE COMMENCE PAR FAIRE UNE PAUSE

## ÊTES-VOUS EN MODE FAIRE OU EN MODE ÊTRE ?

**Le mode faire :** nous avons tous tendance à passer beaucoup de temps en « mode faire », souvent en pilotage automatique, pour répondre à des objectifs, des attentes. Nous sommes envahis par nos ruminations, parfois utiles, parfois source de stress. Impossible de nous endormir lorsque ce mode est en cours.

**Le mode être :** il est un passage essentiel, une porte vers l'endormissement.
La méditation va nous aider à le découvrir et à le développer pour être sans rien faire, sans objectif ni attente, en étant simplement attentif à notre expérience du moment présent. Comme un explorateur curieux qui découvre le monde des sensations corporelles, des émotions, des pensées. Nous découvrirons aussi qu'être présent à ce que nous faisons nous aide à arrêter de nous prendre la tête.

**PISTE 2 :**
« LE MOINE ZEN »

1 *Choisissez au moins une pratique informelle* (voir p.7).

*Notez votre ressenti, vos découvertes, concernant la pratique informelle en termes de sensations corporelles, émotions et pensées. (Par exemple : lorsque je bois un café, je remarque la chaleur de la tasse, je me sens fatigué, mes pensées s'échappent vers ma liste de courses...)*

## MÉDITEZ

▶ PISTE 3 : « LE CORPS COMME UNE RACINE »

2 *Notez votre ressenti, vos découvertes concernant la méditation en termes de sensations corporelles, émotions et pensées. (Par exemple : je sens la respiration plutôt dans ma poitrine, je ressens de la détente, je me dis que je n'ai pas l'habitude de ne rien faire...)*

# JOUR 2 J'ARRÊTE DE ME PRENDRE LA TÊTE

Vous pensez que vous n'arrivez pas à méditer car vous avez entendu dire qu'il faut rester immobile, arrêter de penser, se détendre ? Soyez rassuré, bouger et penser est normal : vous êtes vivant !
Parfois, ce que nous entendons peut nous limiter dans nos avancées.
Alors faites votre propre expérience !

**PISTE 4 :**
« UNE COURSE DE GRENOUILLES »

## LA MÉDITATION DE PLEINE CONSCIENCE EN 7 MOTS :

**Le présent :** se relier à la vie. Le passé n'existe plus, le futur n'existe pas encore.

**L'attention :** être attentif à ce que nous percevons dans les 3 dimensions de notre être (nos sensations corporelles, nos émotions, nos pensées).

**La patience :** permettre à notre expérience de se dérouler à notre rythme, sans attente, sans objectif.

**Le non-jugement :** observer ce qui émerge et, lorsqu'un jugement se produit, être conscient que ce n'est pas forcément la vérité.

**L'acceptation :** être présent à l'expérience du moment sans intention de la modifier, de la contrôler.

**L'esprit du débutant :** observer l'expérience avec curiosité, comme une première fois.

**L'effort juste :** s'engager dans une régularité avec le respect de ses propres limites.

1 ***Choisissez au moins une pratique informelle*** *(voir p.7).*

*Notez votre ressenti, vos découvertes, concernant la pratique informelle en termes de sensations corporelles, émotions et pensées.*

## MÉDITEZ

▶ PISTE 3 : « LE CORPS COMME UNE RACINE »

2 *Notez votre ressenti, vos découvertes concernant la méditation en termes de sensations corporelles, émotions et pensées.*

# JOUR 3 DORMIR N'EST PAS UNE PERTE DE TEMPS

Notre organisme sécrète du **cortisol** lorsque le jour se lève pour stimuler l'éveil, tandis qu'il sécrète de la **mélatonine** lorsque le jour se couche pour favoriser l'endormissement. Dormir nécessite donc à la fois d'« allumer le sommeil » et d'« éteindre l'éveil ».

Dormir occupe un tiers de notre temps. C'est un besoin vital. Pendant que certaines fonctions ralentissent et se reposent (muscles, rythme cardiaque...), d'autres s'activent (régénération cellulaire, élimination des déchets, sécrétion de l'hormone de croissance, tri et consolidation des apprentissages, renforcement de l'immunité, etc.). Ce n'est pas parce que nous ne faisons rien qu'il ne se passe rien !

**1** *Cochez vos croyances sur le sommeil :*

- ☐ *Je dois dormir le même nombre d'heures chaque nuit.*
- ☐ *Si je ne dors pas de façon parfaite une nuit, je vais être fatigué toute la journée.*
- ☐ *Si je ne m'endors pas ou si je me réveille dans la nuit, je m'inquiète pour ma fatigue du lendemain.*
- ☐ *Si je ne m'endors pas rapidement, un somnifère ou un verre d'alcool va m'aider.*
- ☐ *Je m'inquiète si mon conjoint s'endort alors que moi, je n'y arrive pas.*

2 ***Choisissez au moins une pratique informelle*** *(voir p.7).*

*Notez votre ressenti en termes de sensations corporelles, émotions et pensées.*

MÉDITEZ

PISTE 3 : « LE CORPS COMME UNE RACINE »

3 *Notez votre ressenti en termes de sensations corporelles, émotions et pensées.*

# JOUR 4 LES NUITS SE SUIVENT MAIS NE SE RESSEMBLENT PAS

Nuit et jour, notre corps vit des cycles de 1h30 environ. La nuit, lors de ces cycles, nous traversons des phases de sommeil dont la durée varie au cours de la nuit : **endormissement, sommeil lent léger, sommeil lent profond, sommeil paradoxal**.

Si nous avons une tendance (plutôt du matin... ou pas !), rien n'est figé. Nos journées sont rythmées par la veille et le sommeil, deux modes régulés par nos horloges internes, qui s'adaptent aux saisons, à la luminosité, aux activités de la journée, à notre santé, etc.

1 *Notez comment vous vous sentez le matin au réveil en période de :*

| Travail | Repos hebdomadaire | Vacances | Selon la saison |
|---|---|---|---|
| | | | |

2 *Choisissez au moins une pratique informelle* (voir p.7).

*Notez votre ressenti en termes de sensations corporelles, émotions et pensées.*

MÉDITEZ

PISTE 3 : « LE CORPS COMME UNE RACINE »

3 *Notez votre ressenti en termes de sensations corporelles, émotions et pensées.*

# JOUR 5 À CHAQUE ÂGE SON SOMMEIL

| | |
|---|---|
| *Nouveau-nés (0 à 3 mois)* | *14 - 17 heures* |
| *Nourrissons (4 à 11 mois)* | *12 - 15 heures* |
| *Bambins (1 à 2 ans)* | *11 - 14 heures* |
| *Enfants d'âge préscolaire (3 à 5 ans)* | *10 - 13 heures* |
| *Enfants d'âge scolaire (6 à 13 ans)* | *9 - 11 heures* |
| *Adolescents (14 à 17 ans)* | *8 - 10 heures* |
| *Adultes (18 - 64 ans)* | *7 - 9 heures* |
| *Seniors (65 et plus)* | *7 - 8 heures* |

Nous n'avons pas tous les mêmes besoins de sommeil. Avec l'âge, la durée globale du sommeil diminue, mais aussi celle du sommeil profond ; les réveils nocturnes s'invitent donc plus facilement. C'est physiologique et cela n'entraîne pas forcément une fatigue, même si nous « croyons » n'avoir pas assez dormi.

1 *Pour connaître votre rythme naturel, observez-le après 10 jours de vacances et notez votre :*

| Heure de lever | Heure de coucher | Durée de sommeil |
|---|---|---|
| | | |

2 *Choisissez au moins une pratique informelle* (voir p.7).

*Notez votre ressenti en termes de sensations corporelles, émotions et pensées.*

MÉDITEZ

PISTE 3 : « LE CORPS COMME UNE RACINE »

3 *Notez votre ressenti en termes de sensations corporelles, émotions et pensées.*

# JOUR 6 LA SIESTE, PHÉNOMÈNE NATUREL DE RÉCUPÉRATION

45 % des Français considèrent dormir moins que ce dont ils ont besoin. La sieste peut être un bon recours en cas de nuit difficile ou trop courte, et lorsqu'un coup de barre s'invite dans la journée. **Faire une sieste de 20 minutes, après le déjeuner, est alors idéal.**

Si vous pensez être incapable de faire la sieste, sachez que cela s'apprend ! Et même si, au début, vous ne dormez pas, vous pouvez mettre en place cette pause rituelle – si besoin avec masque sur les yeux, bouchons d'oreilles. Programmez votre réveil, et **le sommeil s'invitera progressivement.** Et si ce n'est pas votre truc, vous pouvez méditer !

1 *Aujourd'hui, ménagez-vous 20 minutes de pause et notez votre ressenti après cette expérience.*

**2** *Choisissez au moins une pratique informelle* (voir p.7).

*Notez votre ressenti en termes de sensations corporelles, émotions et pensées.*

MÉDITEZ

▶ PISTE 3 : « LE CORPS COMME UNE RACINE »

**3** *Notez votre ressenti en termes de sensations corporelles, émotions et pensées.*

# JOUR 7 LA GRASSE MATINÉE N'EST PAS UNE SI BONNE IDÉE

Respecter la régularité de nos horaires de lever est un moyen de ne pas perturber nos rythmes, notamment la sécrétion de mélatonine. Il semble même que **la grasse matinée perturbe notre métabolisme**, ayant un impact sur le poids et le diabète.
Mieux vaut choisir la sieste ou se coucher plus tôt le soir. Toutefois, soyez rassuré : si la grasse matinée reste occasionnelle, il n'y a pas de souci !

1 *Qu'en est-il pour vous ? Comment vous sentez-vous dans la journée après avoir fait une grasse matinée ?*

2 *Choisissez au moins une pratique informelle* (voir p.7).

*Notez votre ressenti en termes de sensations corporelles, émotions et pensées.*

MÉDITEZ

PISTE 3 : « LE CORPS COMME UNE RACINE »

3 *Notez votre ressenti en termes de sensations corporelles, émotions et pensées.*

## CE QUE NOUS POUVONS RETENIR

Il est fondamental de connaître son sommeil pour l'apprivoiser.
Prendre soin de lui est essentiel et ne consiste pas à se concentrer uniquement sur nos nuits.
Nos prédispositions, nos activités de la journée, notre âge, notre santé l'influencent.
Et inversement, sa qualité et sa quantité influencent nos journées et notre santé.

# JOURS 8-10

*J'apprends à me connaître :
je détecte les signaux
de mon corps.*

Explorons maintenant avec curiosité les messages de notre corps. Prêter attention aux informations qu'il nous donne nous aidera à les décrypter et à répondre à nos besoins de façon adaptée, plutôt que de vouloir « réussir quelque chose » qui ne correspond pas à nos besoins.

# JOUR 8 JE NE MANQUE PAS LE TRAIN

Lorsque nous sentons nos paupières s'alourdir, que nous bâillons et ressentons le besoin de nous étirer, il est temps d'aller nous coucher. Si nous manquons le départ de notre train (qui correspond à la phase d'endormissement), le suivant ne repassera pas avant environ 1 h 30, la durée moyenne d'un cycle. Or **nous avons 4 à 5 cycles successifs par nuit.** Les premiers sont très importants car ils comportent les plus longues phases de sommeil profond.

1. *Savez-vous détecter les signes du sommeil ? Les écoutez-vous ? Et si vous tentiez l'expérience de vous coucher dès qu'ils apparaissent ?*

2. *Ce soir, soyez attentif et notez les sensations physiques que vous remarquez.*

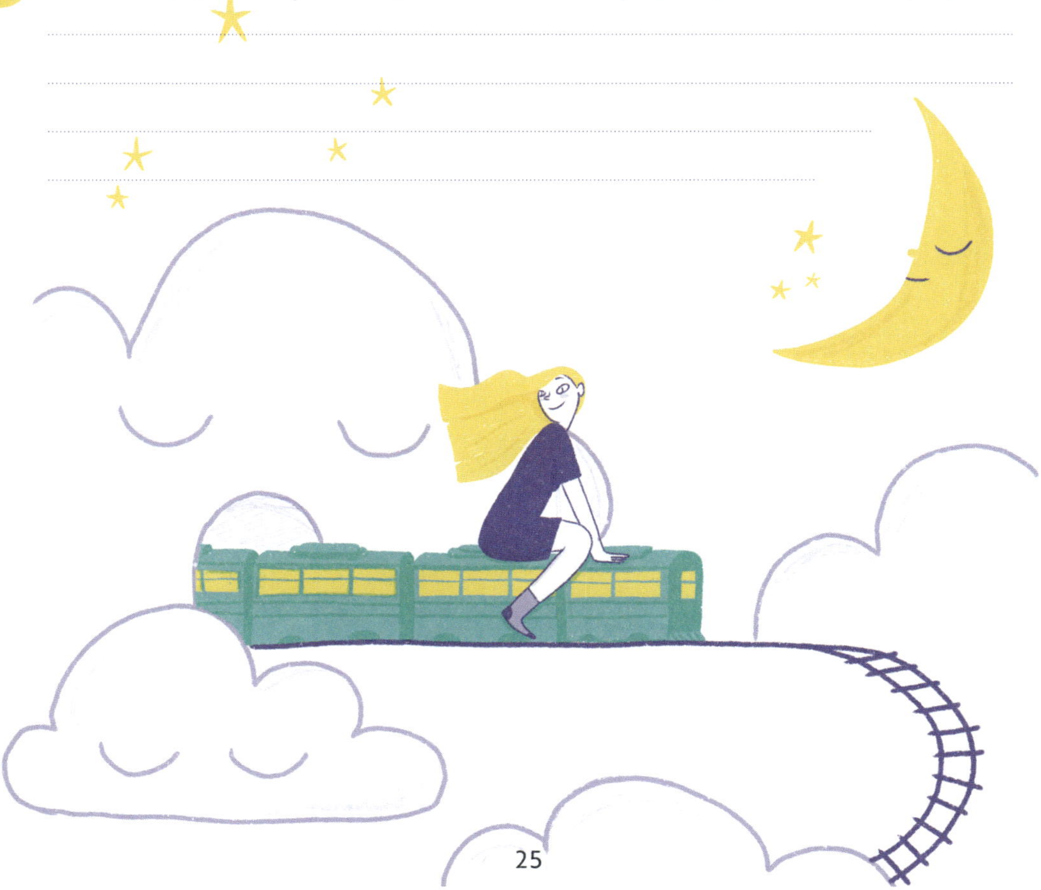

**3** ***Choisissez au moins une pratique informelle*** *(voir p.7).*

*Notez votre ressenti en termes de sensations corporelles, émotions et pensées.*

MÉDITEZ

**PISTE 5** : « LA RESPIRATION COMME UNE VAGUE »

**4** *Notez votre ressenti en termes de sensations corporelles, émotions et pensées.*

# JOUR 9 JE DÉTECTE LES SIGNES DE TROUBLES DU SOMMEIL

Un sommeil perturbé occasionnellement n'a pas forcément d'impact sur notre santé. Mais un sommeil perturbé de façon chronique (plus de 3 fois par semaine, depuis plus de 3 mois) peut entraîner des troubles : fatigue, difficultés de concentration, déprime, etc. À long terme, cela peut favoriser diabète, infections à répétition, accidents, troubles cognitifs...

1 *Cochez les items qui vous correspondent :*

- ☐ *J'ai des difficultés à m'endormir ou des réveils nocturnes ou précoces.*
- ☐ *Mes troubles sont présents plus de 3 nuits par semaine, depuis plus de 3 mois.*
- ☐ *Je dors chaque nuit moins de 6 heures.*
- ☐ *Le matin, je me réveille fatigué, j'ai du mal à me lever.*
- ☐ *Je ressens des coups de barre dans la journée.*
- ☐ *Je suis préoccupé par mon sommeil.*

2 *Il existe 3 types d'insomnies.*
*Qu'avez-vous tendance à faire dans les situations suivantes ?*

- *Lorsque le sommeil tarde à arriver :*

.........................................................................................

.........................................................................................

- *Lors d'un réveil en milieu de nuit :*

.........................................................................................

.........................................................................................

- *Lors d'un réveil précoce :*

.........................................................................................

.........................................................................................

3 *Choisissez au moins une pratique informelle* (voir p.7).

*Notez votre ressenti en termes de sensations corporelles, émotions et pensées.*

**MÉDITEZ**

**PISTE 5** : « LA RESPIRATION COMME UNE VAGUE »

4 *Notez votre ressenti en termes de sensations corporelles, émotions et pensées.*

# JOUR 10 JE PRENDS DES PRÉCAUTIONS

L'insomnie est un signal de notre corps, une alerte. En cas de difficulté régulière, faites le point avec votre médecin afin d'éliminer des causes liées à un problème de santé (apnée du sommeil, dépression, maladie parasitaire, maladie cardiovasculaire, hyperthyroïdie...) et bénéficier d'un suivi adapté.

Une consultation est aussi nécessaire si vous êtes affecté par une maladie chronique (cardiaque, diabétique, immunitaire, etc.), certaines pouvant être aggravées par le manque de sommeil.

Votre médecin ou votre pharmacien peuvent vous conseiller un traitement doux et court afin de vous aider à rompre le cercle vicieux de la peur de ne pas dormir :

- **Phytothérapie** : valériane, aubépine, tilleul, camomille, en tisanes ou en comprimés (le soir).
- **Homéopathie** : coffea cruda 7Ch (3 granules avant le repas et au coucher)
- **Hormonothérapie** : mélatonine (1 mg au coucher).
- **Aromathérapie** : masser la plante des pieds avec 3 gouttes d'huile essentielle de lavande vraie mélangée à de l'huile d'amande douce.

1 *Cochez les troubles que vous ressentez :*

- ☐ *Fatigue, somnolence*
- ☐ *Troubles de la mémoire*
- ☐ *Difficulté de concentration*
- ☐ *Oublis, erreurs, accidents*
- ☐ *Irritabilité*
- ☐ *Migraines*
- ☐ *Démotivation*
- ☐ *Déprime*

2 ***Choisissez au moins une pratique informelle*** *(voir p. 7)*

*Notez votre ressenti en termes de sensations corporelles, émotions et pensées.*

MÉDITEZ

**PISTE 5** : « LA RESPIRATION COMME UNE VAGUE »

3 *Notez votre ressenti en termes de sensations corporelles, émotions et pensées.*

## CE QUE NOUS POUVONS RETENIR

Un bon sommeil participe à une bonne santé. L'attention à nos sensations nous permet de mieux connaître notre sommeil. Comprendre est le point de départ pour détecter les troubles, éviter les erreurs et prendre soin de nous.

# JOURS 11-17

## *J'apprends à repérer les obstacles au sommeil*

Il est temps désormais de faire le point sur certaines de nos habitudes et de découvrir qu'elles sont parfois de réels obstacles à notre sommeil.

# JOUR 11 MON ENVIRONNEMENT INFLUENCE MON SOMMEIL

Puisque nous passons un tiers de notre temps à dormir, il est important de prendre soin de notre environnement, afin de veiller à créer un cocon apaisant et propice au sommeil.

1 *Cochez les points que vous pouvez améliorer.*

- ☐ *Une literie en bon état et bien entretenue.*
- ☐ *La température de la chambre, entre 17 et 20 °C, idéalement.*
- ☐ *L'air renouvelé de la chambre (aérée au moins 15 minutes chaque jour).*
- ☐ *La luminosité, plutôt tamisée.*
- ☐ *Les couleurs, douces pour favoriser la détente.*
- ☐ *Le taux d'humidité, en hiver.*

☞ *Il peut être nécessaire d'humidifier la pièce (humidificateur à ultrasons, bol d'eau chaude sur la table de nuit ou saturateurs), car un air asséché par le chauffage peut gêner la respiration. Vous pouvez alors ajouter quelques gouttes d'huile essentielle de lavande ou de mandarine aux vertus relaxantes.*

2 **Choisissez au moins une pratique informelle** (voir p.7).

*Notez votre ressenti en termes de sensations corporelles, émotions et pensées.*

## MÉDITEZ

▸ PISTE 6 : « LA RESPIRATION COMME UNE PORTE, UNE RACINE ET UNE VAGUE »

3 *Notez votre ressenti en termes de sensations corporelles, émotions et pensées.*

# JOUR 12 MON ALIMENTATION INFLUENCE MON SOMMEIL

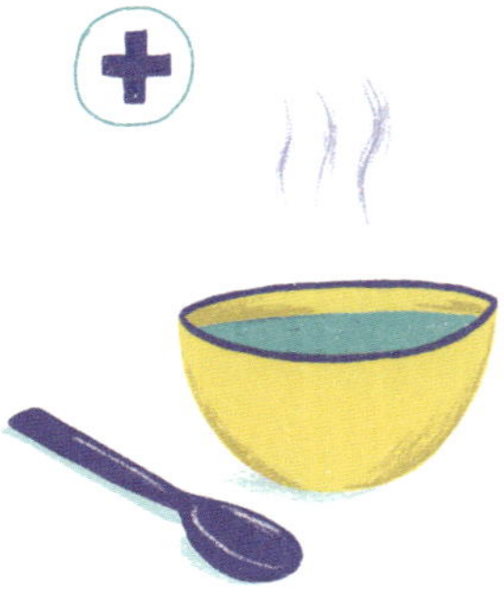

Difficile de nous endormir si nos besoins vitaux, la faim et la soif, ne sont pas nourris, et si notre chronobiologie n'est pas respectée.

- **Ne mangez pas trop tard** (au moins 1h30 avant le coucher). La digestion fait monter la température corporelle. Or elle doit baisser pour que le sommeil s'installe.
- **Préférez un repas ni trop léger ni trop riche**, pauvre en graisse et en sucres, mais rassasiant. Pour éviter les réveils nocturnes dus à l'hypoglycémie, pensez aux sucres lents apportés par les féculents (pain complet, pommes de terre, riz et pâtes, en respectant bien le temps de cuisson). Exemple d'un repas : potage, salade de lentilles, pomme, tisane de verveine.
- **Évitez les substances excitantes le soir :** alcool, café, cigarette, thé, sodas caféinés. Préférez les tisanes : verveine, tilleul, valériane, camomille, passiflore, ou un verre d'eau.

**1** *Cochez ci-dessous les points que vous pouvez améliorer et faites-en l'expérience ce soir.*

- ☐ *Délai suffisant entre le dîner et le coucher.*
- ☐ *Repas équilibré, ni trop léger ni trop riche.*
- ☐ *Absence de substances excitantes.*

2 **Choisissez au moins une pratique informelle** (voir p.7).

Notez votre ressenti en termes de sensations corporelles, émotions et pensées.

MÉDITEZ

PISTE 6 : « LA RESPIRATION COMME UNE PORTE, UNE RACINE ET UNE VAGUE »

3 Notez votre ressenti en termes de sensations corporelles, émotions et pensées.

# JOUR 13 MON ACTIVITÉ PHYSIQUE INFLUENCE MON SOMMEIL

La sédentarité a un impact sur le sommeil. Notre corps a besoin de bouger. Toutefois, l'activité physique trop tardive fait monter la température corporelle, ce qui n'est pas propice à l'endormissement. Il est donc conseillé d'arrêter le sport au moins 2 heures avant le coucher.

Aujourd'hui, testez plusieurs de ces astuces :

☞ **Réglez une alarme sur votre téléphone toutes les heures :** faites quelques pas et étirez-vous, surtout si vous êtes assis au travail.

☞ **Programmez 2 fois 10 minutes de marche dans votre journée :** par exemple, profitez de votre trajet maison-travail ou de votre pause déjeuner pour aller faire un tour.

☞ **Préférez les escaliers** à l'ascenseur.

☞ Choisissez d'effectuer les petits **trajets à pied.**

**1** *Notez votre ressenti concernant cette expérience :*

**2** *Choisissez au moins une pratique informelle (voir p.7).*

*Notez votre ressenti en termes de sensations corporelles, émotions et pensées.*

MÉDITEZ

PISTE 6 : « LA RESPIRATION COMME UNE PORTE, UNE RACINE ET UNE VAGUE »

**3** *Notez votre ressenti en termes de sensations corporelles, émotions et pensées.*

# JOUR 14 LES ÉCRANS INFLUENCENT MON SOMMEIL

Évitez les écrans (télé, téléphone, tablette, ordinateur…) dans la chambre et avant le coucher. Ils produisent de la lumière bleue, qui active la sécrétion de cortisol, et empêchent celle de la mélatonine.

**1** *Aujourd'hui, faites l'expérience de ne pas utiliser d'écran dans votre chambre et d'arrêter l'utilisation de votre smartphone ou tablette 1 h 30 avant votre coucher. Notez votre ressenti.*

**2** ***Choisissez au moins une pratique informelle*** *(voir p.7).*

*Notez votre ressenti, vos découvertes concernant la pratique informelle en termes de sensations corporelles, émotions et pensées.*

## MÉDITEZ

**PISTE 6** : « LA RESPIRATION COMME UNE PORTE, UNE RACINE ET UNE VAGUE »

**3** *Notez votre ressenti, vos découvertes concernant la méditation en termes de sensations corporelles, émotions et pensées.*

# JOUR 15 LE STRESS CHRONIQUE INFLUENCE MON SOMMEIL

**La multiplication des stimulations, pressions et sollicitations** (informations, réseaux sociaux, pression au travail, omniprésence des écrans, interruptions fréquentes, culture de l'immédiateté, santé, relations, finances, tâches familiales...) **déclenche du stress.**

Quand ces situations se répètent quotidiennement, **le cortisol, la molécule du stress et du réveil, inonde notre organisme.** Le sommeil est alors perturbé. Soyez rassuré, en méditant, vous êtes déjà en train de prendre soin de vous.

1 *Notez des exemples de situations stressantes qui se répètent régulièrement et vous semblent néfastes. (Par exemple : une maladie chronique, des problèmes financiers, une relation conflictuelle avec un collègue ou votre enfant, un manque de partage dans les tâches familiales, une surcharge de travail...)*

2 *Choisissez au moins une pratique informelle* (voir p. 7).

*Notez votre ressenti en termes de sensations corporelles, émotions et pensées.*

**MÉDITEZ**

PISTE 6 : « LA RESPIRATION COMME UNE PORTE, UNE RACINE ET UNE VAGUE »

3 *Notez votre ressenti en termes de sensations corporelles, émotions et pensées.*

## JOUR 16 LE MENTAL INFLUENCE MON SOMMEIL

Notre vagabondage mental a tendance à nous entraîner vers les expériences désagréables du passé ou potentiellement désagréables du futur afin de résoudre d'éventuels problèmes. Le coucher n'est pas le meilleur moment pour cela : **lorsque nous pensons à des événements stressants, notre corps est baigné des molécules du stress**, dont le cortisol, qui stimule l'éveil. Méditer apprend à prendre conscience des moments où les ruminations nous envahissent et à revenir au moment présent.

☞ Écoutez cette histoire pour découvrir le « présent » que nous offre le moment présent.

▶ **PISTE 7** : « S'ÉMERVEILLER »

1 *Notez des exemples de situations que vous ressassez et qui vous empêchent de savourer un bon moment ou de vous endormir.*

**2** ***Choisissez au moins une pratique informelle*** *(voir p.7).*

*Notez votre ressenti en termes de sensations corporelles, émotions et pensées.*

## MÉDITEZ

**PISTE 8** : « J'ARRÊTE DE ME PRENDRE LA TÊTE »

**3** *Notez votre ressenti en termes de sensations corporelles, émotions et pensées.*

# JOUR 17 LA PEUR DE NE PAS DORMIR INFLUENCE MON SOMMEIL

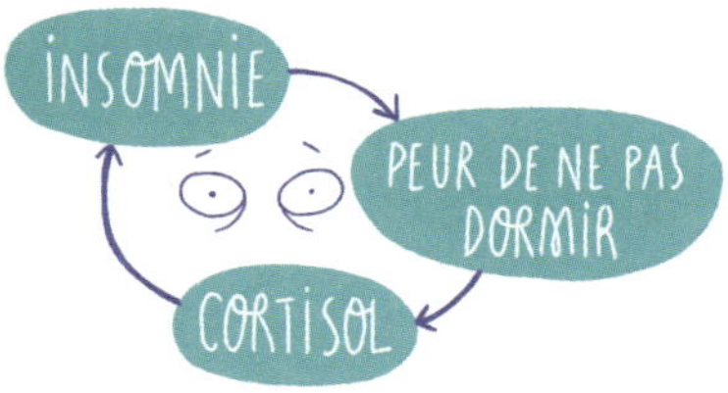


*« Qui craint de souffrir souffre déjà de ce qu'il craint. »*
*Michel de Montaigne*

Lorsque nous avons peur de ne pas nous endormir, ou que notre sommeil ne soit pas comme nous imaginons qu'il doit être, nous déclenchons le système du stress. Cette situation peut vite aboutir à un cercle vicieux :

1 *Notez ce qui vous inquiète quand votre sommeil ne correspond pas totalement à vos attentes.*

La peur est une émotion qui se déclenche en cas de danger ou d'inconnu. Si une nuit, vous ne dormez pas parfaitement, ce n'est pas dangereux. Tentez une expérience :

- ☞ accueillez avec bienveillance que vous avez peur de ne pas dormir – bien que vous ne soyez pas en danger, c'est humain ;
- ☞ abordez votre nuit avec curiosité : si vous dormez, tant mieux ; et si vous ne dormez pas parfaitement cette nuit, ce n'est pas grave, profitez-en pour méditer ou faire quelque chose que vous n'avez jamais le temps de faire.

2 *Notez votre ressenti concernant cette expérience.*

**3** *Choisissez au moins une pratique informelle* *(voir p.7).*

*Notez votre ressenti en termes de sensations corporelles, émotions et pensées.*

................................................................................

................................................................................

................................................................................

................................................................................

## MÉDITEZ

PISTE 9 : « LA MÉTÉO INTÉRIEURE »

**4** *Notez votre ressenti en termes de sensations corporelles, émotions et pensées.*

................................................................................

................................................................................

................................................................................

................................................................................

## CE QUE NOUS POUVONS RETENIR

Par votre pratique de la méditation, vous prenez soin du stress, des ruminations et de la peur de ne pas dormir. Parmi les autres obstacles que vous avez découverts, notez ci-dessous ceux que vous pouvez retirer de votre chemin vers le sommeil. N'oubliez pas d'être bienveillant et patient avec vous-même, car changer une habitude prend du temps.

................................................................................

................................................................................

................................................................................

# JOURS 18-28

## *J'explore et j'expérimente mes ressources*

Lors des 2 heures qui précèdent notre coucher, il est important de préparer l'arrêt du mode veille et d'activer le mode sommeil. Nous pouvons choisir une activité douce et apaisante qui développe le bien-être et réduire les activités stimulantes ou stressantes. Durant les jours à venir, vous allez expérimenter vos ressources et choisir celle qui vous correspond le mieux.

# JOUR 18 J'APPRENDS QUOI FAIRE EN CAS D'INSOMNIE

*« On ne peut pas quitter un endroit où l'on n'a jamais accepté d'arriver. »*
*Christophe André*

Évitons l'erreur habituelle de s'inquiéter lorsque le sommeil s'échappe, cela peut au contraire participer au développement de **la chronicité des troubles du sommeil**.

☞ Si, au coucher, le sommeil ne vient pas, profitez-en pour « ne rien faire » : méditez. Soyez attentif à votre train qui passe environ toutes les 90 minutes.

☞ Si vous vous réveillez en pleine nuit ou précocement et n'arrivez pas à vous rendormir, faites l'état des lieux et répondez à vos besoins (aller aux toilettes, boire un peu), puis **profitez de ce temps qui se libère pour méditer.** Méditer ne vous fera pas forcément dormir immédiatement, mais vous permettra d'accueillir votre état : un premier pas pour vous en libérer.

1 ***Choisissez au moins une pratique informelle*** *(voir p.7).*

*Notez votre ressenti en termes de sensations corporelles, émotions et pensées.*

## MÉDITEZ

▶ PISTE 10 : « L'ATTENTION À MES 3 DIMENSIONS »

▶ PISTE 11 EN CAS D'INSOMNIE : « J'HABITE MA MAISON »

2 *Notez votre ressenti en termes de sensations corporelles, émotions et pensées.*

# JOUR 19 JE PRÉPARE MES NUITS EN PRENANT SOIN DE MON RÉVEIL

Avez-vous tendance, lorsque le réveil sonne, à rester au lit et à remettre la sonnerie quelques minutes plus tard ? En faisant cela, vous risquez de vous rendormir et d'être réveillé au début d'un nouveau cycle de sommeil. **Dans ce cas, le lever sera encore plus difficile** et vos cycles seront perturbés.

☞ **Aujourd'hui, même si cela vous demande un effort, levez-vous dès que le réveil sonne.** Prenez le temps de le faire en douceur et avec bienveillance. La façon dont nous commençons notre journée peut l'influencer, alors tentons l'expérience !

▶ PISTE 12 :
« JE ME LÈVE DE BONHEUR »

1 *Notez votre ressenti, vos découvertes en termes de sensations corporelles, émotions et pensées.*

**2** ***Choisissez au moins une pratique informelle*** *(voir p. 7).*

*Notez votre ressenti en termes de sensations corporelles, émotions et pensées.*

**MÉDITEZ**

▶ **PISTE 10** : « L'ATTENTION À MES 3 DIMENSIONS »

**3** *Notez votre ressenti en termes de sensations corporelles, émotions et pensées.*

# JOUR 20 JE DÉCOUVRE LE POUVOIR DE LA LUMIÈRE

La lumière stimule la sécrétion du cortisol (hormone de l'éveil) et inhibe la sécrétion de mélatonine (hormone du sommeil). La baisse de luminosité a l'effet inverse. Faites de la lumière votre alliée, apprenez à la doser :

- ☞ **Passez du temps dehors :** profiter de l'éclairage naturel aide à synchroniser notre horloge interne.
- ☞ **Adoptez la luminothérapie en hiver :** si vous en ressentez le besoin (fatigue, déprime saisonnière), demandez conseil à votre pharmacien pour commander une lampe de luminothérapie émettant le nombre de lux efficace.
- ☞ **Réveillez-vous avec la lumière :** si vous devez vous lever avant le soleil, pourquoi ne pas essayer un réveil simulateur d'aube ? La lumière passe progressivement à travers vos paupières et signale à votre cerveau, tout en douceur, qu'il va bientôt falloir se réveiller.
- ☞ **Le soir, choisissez un éclairage tamisé :** vous signalez à votre cerveau qu'il est temps de se préparer à dormir. Puis, éteignez toute source de lumière.

1 *Et si vous essayiez de mettre en pratique ces quelques conseils ? Notez votre ressenti concernant cette expérience.*

........................................

........................................

........................................

........................................

........................................

........................................

........................................

........................................

**2** ***Choisissez au moins une pratique informelle*** *(voir p. 7).*

*Notez votre ressenti en termes de sensations corporelles, émotions et pensées.*

**MÉDITEZ**

**PISTE 10** : « L'ATTENTION À MES 3 DIMENSIONS »

**3** *Notez votre ressenti en termes de sensations corporelles, émotions et pensées.*

# JOUR 21 JE PRENDS SOIN DE MES JOURNÉES : MA PHARMACIE INTÉRIEURE

Les activités qui nous font du bien, qui nous ressourcent, ont en général tendance à **activer notre système parasympathique** et donc, par ricochet, à réduire le stress (le cortisol).

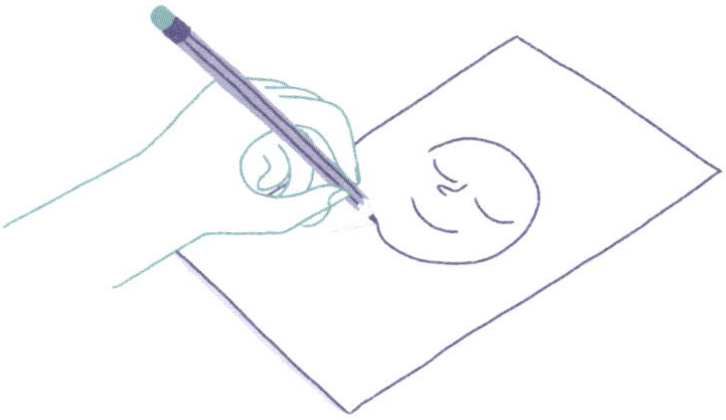

Un bon sommeil se prépare aussi en **prenant soin de soi durant la journée**.

| Prendre soin de son corps | Prendre soin de son esprit | Prendre soin de son cœur |
|---|---|---|
| • Faire de l'exercice<br>• Aller dans la nature et l'observer<br>• Se faire masser, prendre un bain<br>• Méditer | • Lire<br>• Voir un film drôle<br>• Échanger avec des pairs<br>• Faire des activités créatives<br>• Méditer | • Passer des moments avec des amis<br>• Prendre soin des autres<br>• Ressentir de la gratitude pour les bons moments<br>• Méditer |
| | | |

1 *Aujourd'hui, pratiquez l'activité de votre choix pour chaque colonne, et notez votre ressenti.*

2 *Choisissez au moins une pratique informelle* (voir p. 7).

*Notez votre ressenti en termes de sensations corporelles, émotions et pensées.*

MÉDITEZ

PISTE 13 : « MARCHER SANS BUT »

3 *Notez votre ressenti en termes de sensations corporelles, émotions et pensées.*

# JOUR 22 JE DÉCOUVRE LE POUVOIR DU MOMENT PRÉSENT

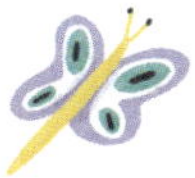

*« Plus tard il sera trop tard, notre vie, c'est maintenant. » - Jacques Prévert*

Nous pouvons nous relier à notre respiration en cas de stress, d'insomnie. Sans la modifier, juste en la vivant comme **une racine pour nous attacher au moment présent.** Ainsi, nous évitons le piège des automatismes mentaux et des ruminations. Mais il est plus facile d'apprendre à nous relier en pleine conscience à la respiration lorsque tout va bien...

1 *Voici une astuce pour s'entraîner : dès que votre téléphone sonne, avant de décrocher, sentez un cycle respiratoire en le laissant se déployer naturellement. Notez votre ressenti à la fin de la journée :*

Si cette expérience vous convient, je vous invite à la poursuivre et à l'ancrer comme une habitude. Si vous n'utilisez pas souvent votre téléphone, vous pouvez coller des Post-it. Personnellement, je collectionne les petites pierres que je trouve dans la nature et les dépose à différents endroits.

2 ***Choisissez au moins une pratique informelle*** *(voir p.7).*

*Notez votre ressenti en termes de sensations corporelles, émotions et pensées.*

**MÉDITEZ**

**PISTE 10** : « L'ATTENTION À MES 3 DIMENSIONS »

3 *Notez votre ressenti en termes de sensations corporelles, émotions et pensées.*

# JOUR 23 JE DONNE DE L'ATTENTION AUX PETITS PRÉSENTS QUOTIDIENS

Notre cerveau a tendance à se focaliser automatiquement sur les aspects désagréables. **Apprenons à poser aussi notre attention sur les moments agréables**, et savourons la sensation de gratitude. Lorsque nous faisons cette expérience, notre corps est baigné de molécules apaisantes.

**PISTE 14 :**
«HAPPY MOMENT»

1 *Au coucher, après avoir écouté « Happy moment », notez un bon moment vécu dans la journée. Un moment ressenti comme joyeux, apaisant, relaxant, beau, motivant. (Par exemple : un coucher de soleil, un café avec un ami, une tâche accomplie de votre mieux.) Notez votre ressenti en termes de sensations corporelles, émotions et pensées. Les jours suivants, avant de dormir, je vous proposerai de vous souvenir d'un bon moment et de le noter.*

2 ***Choisissez au moins une pratique informelle*** *(voir p. 7).*

*Notez votre ressenti en termes de sensations corporelles, émotions et pensées.*

## MÉDITEZ

▶ PISTE 10 : « L'ATTENTION À MES 3 DIMENSIONS »

3 *Notez votre ressenti en termes de sensations corporelles, émotions et pensées.*

# JOUR 24 JE DÉCOUVRE LE POUVOIR DE L'ÉCRITURE

**Pour nous libérer de nos ruminations, rien de tel que l'écriture.** Laissez un carnet et un crayon sur votre table de nuit. Lorsqu'une idée, une préoccupation vous envahit, posez-la sur le papier. Vous pourrez y repenser à un moment plus opportun et vous libérer de la crainte d'oublier.

1 *Notez votre ressenti concernant cette expérience.* ........................................

........................................

2 *Notez votre happy moment du jour :* ........................................

........................................

3 ***Choisissez au moins une pratique informelle*** *(voir p. 7)*

*Notez votre ressenti, vos découvertes concernant la pratique informelle en termes de sensations corporelles, émotions et pensées.*

........................................

........................................

**MÉDITEZ**

**PISTE 15** : « J'ARRÊTE DE VOULOIR ARRÊTER DE PENSER »

4 *Notez votre ressenti, vos découvertes concernant la méditation en termes de sensations corporelles, émotions et pensées.*

........................................

........................................

# JOUR 25 JE DÉCOUVRE LE POUVOIR DE LA LECTURE

Lire 20 à 30 minutes avant de dormir peut favoriser l'endormissement. **Choisissez minutieusement votre éclairage** : il ne doit ni abîmer vos yeux ni stimuler votre éveil. Privilégiez une lecture agréable.
Si vous aimez les polars, mais que leur lecture stimule des émotions comme la peur, évitez de les lire au coucher. Vous pouvez aussi lire en cas de réveil nocturne ou précoce.

1 *Notez votre ressenti concernant cette expérience.* ..................

..................

2 *Notez votre happy moment du jour :* ..................

..................

3 ***Choisissez au moins une pratique informelle*** *(voir p. 7).*

..................

..................

## MÉDITEZ

**PISTE 10** : « L'ATTENTION À MES 3 DIMENSIONS »

4 *Notez votre ressenti, vos découvertes concernant la méditation en termes de sensations corporelles, émotions et pensées.*

..................

..................

# JOUR 26 JE DÉCOUVRE LE POUVOIR DE L'ÉCOUTE

L'histoire du soir aide les enfants à s'endormir. **Pourquoi pas nous ?** Choisissez un livre audio, une application ou un site Internet. Installez-vous confortablement, fermez les yeux et laissez-vous bercer par l'histoire. Voici déjà un petit conte pour en faire l'expérience.

▶ **PISTE 16 :**
« LES 6 AVEUGLES ET L'ÉLÉPHANT »

1 *Notez votre ressenti concernant cette expérience.*

2 *Notez votre happy moment du jour :*

3 ***Choisissez au moins une pratique informelle*** *(voir p.7).*

## MÉDITEZ

▶ **PISTE 17 :** « L'ATTENTION AUX SONS »

4 *Notez votre ressenti, vos découvertes concernant la méditation en termes de sensations corporelles, émotions et pensées.*

# JOUR 27 JE DÉCOUVRE LE POUVOIR DU COLORIAGE

Ce soir, découvrez l'apaisement que procure le coloriage.

Installez-vous confortablement.

**Coloriez avec présence**, choisissez vos couleurs, remarquez le bruit du crayon ou du feutre sur le papier...

1 ***Choisissez au moins une pratique informelle*** *(voir p.7).*

*Notez votre ressenti, vos découvertes en termes de sensations corporelles, émotions et pensées.*

**MÉDITEZ**

▶ PISTE 18 : « L'ATTENTION À L'ATTENTION »

2 *Notez votre ressenti, vos découvertes concernant la méditation en termes de sensations corporelles, émotions et pensées.*

# JOUR 28 JE DÉCOUVRE LE POUVOIR DE L'ATTENTION

Ce soir, cherchez et retrouvez les 3 perroquets dans cette jungle. Ils représentent notre mental qui produit 60 000 pensées par jour, dont 95 % sont les mêmes que la veille. Remarquez comment sont vos pensées lorsque votre attention est occupée.

## MÉDITEZ

PISTE 18 : « L'ATTENTION À L'ATTENTION »

## CE QUE NOUS POUVONS RETENIR

Notez les ressources qui vous correspondent le plus et créez votre propre rituel pour prendre soin de vos jours et de vos nuits. Il sera peut-être nécessaire de le faire évoluer, car rien n'est figé. Nous évoluons, changeons en permanence ; nos besoins et notre sommeil aussi.

# BILAN

*Je fais le bilan du voyage : et si ce n'était que le début de l'aventure ?*

**J'espère de tout cœur que ce voyage vous aura permis de faire grandir la graine de paix qui est en vous.** Aujourd'hui, vous pouvez vous féliciter d'avoir pris du temps pour aller vers vous avec authenticité et bienveillance. D'avoir laissé de la place à ce que vous vivez intérieurement. Toute notre vie, nous pouvons développer cela, être avec nous-mêmes. Plus nous cultiverons ce retour à la maison, plus il sera naturel.

Tout est en nous. La méditation nous permet d'expérimenter que nos sensations, nos émotions, nos pensées ne sont que des outils que nous pouvons apprivoiser. Chacune nous apporte une information qui nous aide à nous comprendre et à mieux comprendre les autres.

*« Vous n'êtes pas une goutte d'eau dans l'océan,*
*vous êtes l'océan tout entier dans une goutte d'eau. »*
*Rûmi, poète persan du 13e siècle*

**1** Il est temps de relire vos difficultés, vos attentes du premier jour. Comment vous sentez-vous par rapport à ce que vous aviez noté ? Y a-t-il eu des découvertes inattendues ?

*Notez ce qui vous semble important au terme de cette expérience.*

**2** *Notez vos intentions pour la suite.*

Terminons par une dernière écoute pour faire la paix. Quelles que soient vos difficultés, vous pouvez choisir de batailler contre elles… ou d'accueillir ce que vous vivez, ressentez, de vous regarder avec amour et de libérer cette énergie pour construire ce que vous souhaitez.

**▶ PISTE 19 :**

« LES 4 P POUR FAIRE LA PAIX »

## LEXIQUE LUDIQUE

**Méditation de pleine conscience :** pratique de présence à soi, aux autres et au monde avec accueil et non-jugement. Nous pourrions voir cela comme « arrêter de se prendre la tête » et habiter pleinement notre être (dans nos 3 dimensions : sensations corporelles, émotions, pensées).

**Neuroplasticité :** notre cerveau se transforme sans arrêt, toute la vie nous sommes capables de développer de nouvelles aptitudes en apprenant, en nous entraînant. Plus nous empruntons un circuit neuronal, plus il se renforce et devient le chemin emprunté en priorité : naturellement.

**Pensée :** lorsque nous parlons dans notre tête, soit ça nous aide à décider, soit ça nous prend la tête !

**Présent :** c'est un présent, un cadeau. C'est ce qui existe vraiment, en dehors de nos projections mentales. C'est la vie.

## L'AUTEURE

Docteur en pharmacie, Valérie Marchand a très vite compris l'impact de notre mental sur la santé et le bien-être. En 2006, elle découvre la méditation de pleine conscience et la vit comme un accès à son être le plus profond, qui lui permet de s'ouvrir aux autres et au monde avec authenticité. Elle commence à transmettre bénévolement à des enfants. Son programme « Happy méditation » et le livre éponyme (Marabout, 2018) sont nés de cette expérience.

Aujourd'hui, elle est formatrice et directrice pédagogique pour la pratique de l'attention chez SEVE, et intervient en entreprise, auprès de l'université de Lorraine ainsi que de professionnels travaillant avec les enfants.

www.happy-meditation.fr
www.facebook.com/valerie.marchand.1004
valerie.marchand.happy.m

## L'ILLUSTRATICE

Léna Piroux est illustratrice freelance. Entre deux salutations au soleil, elle dessine, ou arrose ses plantes. Parfois les deux en même temps.

www.lenapiroux.com
lenapiroux

Achevé d'imprimer en Espagne chez Macrolibros,
pour le compte des éditions Hachette Livre (Marabout)
58, rue Jean Bleuzen, 92178 Vanves Cedex
6498597
ISBN : 978-2-501-14425-4
Dépôt légal : septembre 2019